PÉTER BARNAKY

PANZERWAFFE ON THE BATTLEFIELD 3

★ WORLD WAR TWO PHOTOBOOK SERIES ★

volume 23

Kiadja / Published by
PeKo Publishing Kft.
8360 Keszthely, Bessenyei György utca 37., Hungary
Email: info@pekobooks.com
www.pekobooks.com

Felelős kiadó / Responsible publisher
Péter Kocsis

Írta / Author
Péter Barnaky

A magyar szöveget szakmailag lektorálta / English text proofreading
Számvéber Norbert/Jon Feenstra

Tördelés, retus / Layout, retouch
nadam.hu

Printed in Hungary

Fotók / Photos
Péter Kocsis, Archive of Modern Conflict

Kiadás éve / First published
2022

ISBN 978-615-5583-67-4
ISSN 2063-9503

KÖSZÖNETNYILVÁNÍTÁS

Számos segítőm akadt, akik nélkül ez a kiadvány nem készülhetett volna el. Elsősorban Kocsis Pétert kell megemlítenem, aki mint kiadó, végig figyelemmel kísérte és felügyelte munkámat, és nem mellékesen rengeteg fényképpel gazdagította a könyvet. Párom, Évi mindvégig nélkülözhetetlennek bizonyult, nélküle talán bele sem kezdtem volna. Szakmai téren Pánczél Mátyás és lektorként Dr. Számvéber Norbert barátaim csiszolták írásomat. Végül, de nem utolsósorban, köszönöm Jon Feenstra szerkesztői munkáját.

ACKNOWLEDGEMENTS

Many people assisted me, without whom it would not have been possible to make this publication. First of all I have to mention Péter Kocsis, who as a publisher, monitored and supervised my work all the way, and who enriched the book with several photographs. My partner, Évi, who proved to be essential all along and without whom I would probably not have started this project. From a professional point of view my friends; Mátyás Pánczél and as proofreader Dr. Norbert Számvéber, refined my writing. Last but not least thanks to Jon Feenstra for editing the English text.

BEVEZETŐ

Mindannak ellenére, hogy a második világháborús német páncélos fegyvernem történetéről már számos kiváló, tényeken alapuló mű áll a rendelkezésünkre, még mindig sok tévhit és alaptalan legenda övezi a témát. Jelen kiadványunk sokkal szerényebb munka annál, mintsem mindezen téves értelmezéseket eloszlassa, vagy feltárja a teljes igazságot – hiszen ehhez e sorok írója sem rendelkezik kellő tudással –, de igyekszünk árnyalni a képet, hogy legalább egy lépéssel közelebb kerüljünk a megtörtént események megismeréséhez.

A „Panzerwaffe" sokak szemében a mai napig olyan etalont jelent, amely messze kimagaslott minden más nemzet hasonló fegyverneme közül. Elterjedt nézet, miszerint a német harckocsizók mind kiképzésükben, mind felszerelésükben felette álltak az ellenséges csapatoknak, és kizárólag azok számbeli fölénye okozta Németország vereségét. Nos, tény, hogy a német harckocsizók kiváló képzésben részesültek, és az is igaz, hogy a háború második felében sok szempontból jobb technikával rendelkeztek, mint a Szovjetunió Vörös Hadserege és az angolszász csapatok. Ezzel szemben az is tény, hogy igazi sikereiket a háború elején érték el, amikor harcjárműveik legjobb esetben is csak egyenrangúak, sokszor azonban gyengébb képességűek voltak, mint a szembenálló fél harckocsijai (gondoljunk csak a Panzer I és Panzer II ellen felvonuló francia Somua és Hotchkiss, az angol Matilda és a szovjet T-34, illetve KV harckocsikra). Mire a német páncélosok a csatatér királyai lehettek volna, a Wehrmacht és a Waffen-SS már csak hátrált... Valóban, a keleti és a nyugati szövetségesek ekkor már minden téren erőfölényt élveztek, ami sokat nyom a latba, de ez önmagában nem lett volna elegendő a győzelemhez. Nekik is meg kellett tanulniuk azt az összfegyvernemi hadviselést, amit a németek olyan professzionálisan alkalmaztak ellenük. A történelem tanúsága szerint jól megtanulták a leckét, hiszen végül ők kényszerítették térdre az ellenséget.

A Panzerwaffe önmagában sohasem volt legyőzhetetlen, noha mindig is kemény ellenfelet jelentett. A páncélosok képezték az egyik öklöt, amely lecsap, de a csapásra az agy adja a parancsot. A hadsereg agyát a parancsnokságok adják, amelyek az „idegpályákon", a híradósok útján juttatja el az utasítást a végrehajtó alakulatnak. Az agy – szintén az „idegpályák" segítségével – a szem és a fül, a légi és a földi felderítés által jut hozzá a szükséges információkhoz. A jól működő haderőnek azonban – jó esetben – több ökle is van, nem csak a harckocsik: a légierő, a tüzérség és a gyalogság. Az agy dönti el, melyiket érdemes használni, s mindegyiket az „idegpályák", a híradócsapatok segítségével tudja mozgásba lendíteni. A megfelelő vezetés és kommunikáció tehát az egyik legfontosabb előfeltétele a sikernek.

A legerősebb állat is alulmarad a harcban, ha gyenge az éhségtől, vagy ha sérült. A harckocsit az üzemanyag és a lőszer táplálja, és nem elég, ha ezek rendelkezésre állnak – ezeket el is kell juttatni a páncélosokhoz. A korlátozott szállítókapacitás nem csak az ellátmány, de a páncélosok üzembiztosságához szükséges pótalkatrészek terén is súlyos hiányosságokat okozott. A sérült, de javítható harcjárművek sokszor napokra, sőt hetekre kiestek a küzdelemből egy-egy hiányzó alkatrész miatt, és ez a tendencia a háború vége felé egyre csak erősödött.

A harckocsizó alegységek csak abban az esetben tudtak hatékonyan tevékenykedni, ha a lehető legkiterjedtebb ismeretekkel rendelkeztek az ellenséges csapatokról. Ehhez nélkülözhetetlen a szárazföldi, illetve légi felderítés, amelynek köszönhetően felfedhető az ellenség sebezhető pontja. A légierő támogatása ugyanakkor más esetekben is jelentős segítséget nyújtott a harcoló páncélosoknak, legyen szó a szembenálló erők harcoló alakulatainak pusztításáról, vagy az azoknak utánpótlást szállító alakulatokról.

A megfelelően kiképzett gyalogság hatékonyan tudta védelmezni az ellenséges páncélromboló osztagok ellen a páncélosokat, és nélkülözhetetlenek voltak a megszerzett területek biztosításában és megtartásában is.

Amint az a fenti, igencsak vázlatos ismertetés alapján megállapítható, a háború művészete sokkal összetettebb feladat annál, hogy kijelenthessük, egyetlen fegyvernem képes megnyerni a háborút. A német páncélos fegyvernem a hadigépezetnek csak egy részét képezte, amely a többi nélkül alkalmatlan lett volna a háború megvívására. A gyalogság, a légierő, a tüzérség, a műszaki és az ellátó alakulatok mind ugyanolyan fontos szerepet töltöttek be a hadviselésben, mint a harckocsik, ezek csak együttesen képeznek hatékony rendszert. És persze azt sem szabad elfelejtenünk, hogy ennek a rendszernek a működtetéséhez megfelelő gazdasági háttér kell, amely folyamatosan ki tudja elégíteni a haderő szükségleteit. Hiába tekintik sokan a Pz.Kpfw. V Panthert a második világháború egyik, ha nem a legjobb harckocsijának (amit egyébként műszaki és harcászati jellemzői alá is támasztanak), ha Németország képtelen volt belőle elegendő példányt gyártani, és hiába volt a Tiger B szemtől-szemben szinte kilőhetetlen, ha a szövetséges harckocsizók és katonák többsége soha nem is futott vele össze a harctéren. Ne felejtsük el, hogy noha az amerikai M4 (Sherman) és a szovjet T-34 sok szempontból gyengébb harcértékű volt a német páncélosok zöménél, az őket gyártó országok olyan mennyiségben tudták előállítani őket, hogy nem is igazán volt okuk ezeknél sokkal jobb harckocsit tervezni. Ha a harcászati szempontokon túl a gazdasági szempontokat és lehetőségeket is figyelembe vesszük – márpedig egy háború megvívásában utóbbiak ugyanolyan fontosak, mint az előbbiek – akkor egyértelmű, hogy a gyengébb tulajdonságokkal rendelkező szövetséges harckocsik tulajdonképpen jobbnak bizonyultak, mint a legkiválóbb német páncélosok.

Barnaky Péter

INTRODUCTION

Despite the fact that we already have a number of excellent, fact-based works on the history of the German Panzerwaffe in the Second World War, there are still many misconceptions and false legends surrounding the subject. Our present publication is a much more modest job than dispelling all these false legends, or revealing the whole truth — since the author of this book doesn't have enough knowledge to do so — but we try to nuance the pictures to get at least one step closer to learning about what happened.

In the eyes of many, even to this day, the "Panzerwaffe" is a benchmark that is far superior to any other nation's similar military branch. It is a widespread view that German tankers were superior to enemy troops in both training and equipment, and only their numerical superiority caused Germany's defeat. Well, it is a fact that the German tank crews received excellent training, and it is also true that in the second half of the war they had much better tanks than the Red Army of the Soviet Union and the Western Allied troops. On the other hand, it is also a fact that they achieved their real success in the beginning of the war, when their combat vehicles at best were only equal to, but often less capable, than the opposing tanks (think of the French Somua and Hotchkiss, the British Matilda, and the Soviet T-34 and KV tanks fighting against the Panzer I and Panzer II). By the time the German tanks could have been the kings of the battlefield, the Wehrmacht and the Waffen-SS were in retreat ... Indeed, the Eastern and Western Allies had already enjoyed dominance in all areas by this time, which is a significant factor, but that alone would not have been enough to win. They had to learn the all-arms warfare too, what the Germans used so professionally against them. And history has shown that they learned the lessons well, as they eventually forced the enemy to their knees.

The Panzerwaffe alone was never invincible, although it has always been a tough opponent. The panzers formed one of the fists that struck, but the brain gives the command to strike. The brain of the army is the headquarters, which transmits the orders by the neural pathways, the signal units, to the troops. The brain would receive the necessary information by the eyes and ears – the air and land reconnaissance – also by the "neural pathways". However, a well-functioning army has more fists – in the best case - than just tanks: the air force, the artillery and the infantry. The brain decides which one to use, and sets them all in motion with the help of the signal troops. Proper leadership and communication is therefore one of the most important pillars of success.

Even the strongest beast will fail the fight if it is injured or weak from hunger. The tanks are powered by fuel and ammunition and it is not enough that they are available – they also must be delivered to the panzers. The limited transport capacity caused serious deficiencies not only for the supply, but also in the case of spare parts needed for the operational safety of armoured vehicles. Damaged but repairable combat vehicles often fell out of service for days or even weeks due to a missing part, and this trend intensified towards the end of the war.

Tank units could operate effectively only if they had the most accurate knowledge of enemy troops. For this, field and air reconnaissance is essential for it revealed the enemy's vulnerable points. At the same time, air support also provided significant assistance to the tanks during attack, be it the destruction of combat units of the opposing forces or the units that supply them.

Well-trained infantry could defend the tanks against an enemy's tank-hunter squads, and was indispensable in securing and holding the acquired territories.

As can be seen from the rather sketchy lines above, the art of war is a much more complex task than declaring that a single military branch can win the war on its own. The Panzerwaffe was only a part of the war machine, which could not win the war without the other branches. The infantry, air force, artillery, maintenance and supply units all played as important a role in warfare as the tanks. All of them together form an effective system. And, of course, we have to keep in mind that the operation of this system requires an appropriate economic background that can continuously meet the needs of the army. Although many claim that the Pz.Kpfw. V Panther was one of the best, if not the best tank of World War II (which is also confirmed by its technical and tactical characteristics), Germany was unable to produce it in large quantities. Also, the Tiger IIs were almost unbeatable face-to-face, but the majority of Allied tankers and soldiers never met them on the battlefield. Let's not forget that while the American Sherman and Soviet T-34 were weaker in combat in many ways than most German armoured vehicles, the countries that produced them were able to produce them in such quantities that they didn't really have a reason to design a much better tank than these. If we take into account not only the tactical considerations but also the economic considerations and opportunities - and the latter are just as important in fighting a war as the former - it is clear that Allied tanks with weaker qualities actually proved to be better than the finest German panzers.

Péter Barnaky

Péter Kocsis Collection

A Pz.Kpfw. I, noha már kifejlesztésének időpontjában – az 1930-as években - sem számított komoly harckocsinak, hiszen eleve kiképző járműnek szánták, mégis kivette a részét a háborúkból és megalapozta a német páncélos fegyvernem későbbi hírnevét. Első bevetésére a spanyol polgárháborúban került sor, de még a második világháború első felében is fontos szerepet játszott. A fenti fénykép a franciaországi hadjárat idején készült, Párizstól mintegy 50 kilométerre, északkeletre.

Although it was already obsolete by the time it reached production since it was intended as a training vehicle, the Pz.Kpfw. I Ausf. A played its part in the war and established the fame of the Panzerwaffe. Its first deployment took place in the Spanish Civil War but it also had a major role in the first phase of the Second World War. This picture was taken during the French Campaign some 50 km northeast of Paris.

Két Pz.Kpfw. I Ausf. B és két Panzerbefehlswagen I menetben. Míg az alapharckocsi nem igazán jelentett komoly fenyegetést az ellenség számára, a parancsnoki változatok a beépített rádiókészülékkel rendkívül fontos részét képezték a páncélos fegyvernem harcvezetési rendszerének. Noha a háború korai szakaszában az ellenfeleik jobb harckocsikkal rendelkeztek, a német páncélos alakulatok a rugalmas és jól időzített irányításnak köszönhetően fényes győzelmeket arattak.

Two Pz.Kpfw. I Ausf. Bs and two Panzerbefehlswagen I (command version) during march. While the basic tank didn't present any real threat to the enemy, the command versions with their radio equipment took a very important role in tank warfare. Despite the enemy having better tanks at the time, thanks to their flexible and coordinated control and leadership the German panzer troops won brilliant victories during the early stages of the war.

Péter Kocsis Collection

Egy a Pz.Kpfw. I bázisán kialakított lőszerszállító jármű (Munitionsschlepper auf Panzerkampfwagen I Ausf. A, Sd.Kfz. 111). Tekintve, hogy az eleve rendkívül alacsony harcértéke szinte napról napra csökkent, a Pz.Kpfw. I-nek több új szerepkört is találtak, amiben hasznosnak bizonyult. Ezek egyike a lőszer utánpótlás szállítása volt, hiszen a lánctalpas futómű ideális szállítóeszközzé tette a nehéz terepen, ráadásul a páncélzata némi védelmet is nyújtott a harctereken – legalábbis többet, mint egy egyszerű tehergépkocsi felépítménye.

Ammunition carrier (Munitionsschlepper auf Panzerkampfwagen I Ausf. A, Sd.Kfz. 111) based on the chassis of Pz.Kpfw. I. Considering that the already low combat value of the vehicle decreased almost day by day, some other more useful roles were found for it. One of these was to resupply the troops since the tracked running gear provided a more appropriate means for transporting goods on difficult terrain and even its armour provided some protection on the battlefield – at least more than a simple truck body.

Péter Kocsis Collection

Az 5. páncéloshadosztály 15. páncélosezredének két Pz.Kpfw. II Ausf. A vagy Ausf. B harckocsija a lengyelországi hadjárat idején. A kétjegyű harcászati azonosítószám a szakaszra és a páncélos azon belüli helyére utal, a századot valószínűleg a számok alá festett rombusz színe határozta meg. A páncéltest elejére még nem szerelték fel a szögletes, 15-20 mm-es kiegészítő páncéllemezeket és a toronyról is hiányzik a csavarozott páncélzat.

Two Pz.Kpfw. II Ausf. A or B of the 5. Panzer-Division's Panzer-Regiment 15 during the Polish campaign. The two-digit turret numbers indicated the platoon and tank number, the company was probably indicated by the colour of the rhomboid painted under the turret numbers. Note the lack of 15–20 mm additional front armour and the lack of the bolted armour plates on the turret.

Péter Kocsis Collection

Egy Pz.Kpfw. II Ausf. A vagy Ausf. B maradványai a belgiumi Namur városában 1940 májusában. A német páncélos csapatok – noha sikerre vitték a hadjáratot – jelentős veszteségeket szenvedtek nyugaton, mert valójában számbeli és minőségbeli hátrányban voltak a szövetségesekkel szemben.

The remains of a Pz.Kpfw. II Ausf. A or B in Namur, Belgium during May 1940. The German armoured troops – although successful in the campaign – suffered significant losses in the West because they had a quantitative and qualitative disadvantage compared to the Allied troops.

Péter Kocsis Collection

Ezen a Pz.Kpfw. II Ausf. C-n tisztán láthatók a 11. páncéloshadosztály egyedi jelzései: két számjegyű harcászati azonosítószám, a szellemalak és a kör egy függőleges vonallal. Figyeljük meg, hogy az ellenséges páncéltörő ágyú irányzója valószínűleg a felépítmény oldalára festett hasábkeresztet célozta meg!

All distinctive unit signs of 11. Panzer-Division can be seen on this Pz.Kpfw. II Ausf. C: two-digit turret number, the white ghost and a circle with vertical bar. Note that the enemy's anti-tank gun probably targeted the Balkenkreuz on the side of the superstructure.

Péter Kocsis Collection

A 11. páncéloshadosztály harcjárművei egy roncstelepen. Az alakulat páncélosaira egy- és kétjegyű harcászati azonosítószámokat festettek, a „41”-es oldalpáncélzatán pedig az alakulat jelzése is felismerhető. A „33”-as harcászati azonosítószám alá festett rombusz a 15. páncélosezred jelzése volt.

Fighting vehicles from 11. Panzer-Division in a collection yard for wrecks. The tanks carry one- or two-digit turret numbers and we can see the unit insignia on the side of “41”. The rhomboid below the turret number “33” was a Panzer-Regiment 15 marking.

Péter Kocsis Collection

A 4. páncéloshadosztály 35. páncélosezredének Pz.Kpfw. II Ausf. C könnyű harckocsija. Figyeljük meg a torony elejére csavarokkal rögzített pótpáncélzatot! A fénykép jól érzékelteti, hogy a Szovjetunó elleni hadjárat idejére a Pz.Kpfw. II páncélzata már teljesen elégtelen volt.

Pz.Kpfw. II Ausf. C of Panzer-Regiment 35, 4. Panzer-Division. Note the additional armour bolted to the front of the turret. This picture well illustrates that the armour protection of the Pz.Kpfw. II was completely inadequate at the time of the campaign against the Soviet Union.

Péter Kocsis Collection

Flammpanzer II Ausf. A/B lángszórós harckocsik oszlopa. A harckocsik lángvetőit az első sárvédőkre szerelték, a lángszóróolajat a sárvédőkre rögzített szögletes tartályokban tárolták. A Flammpanzer II nem rendelkezett 2 cm-es harckocsiágyúval, csupán egy MG 34 géppuskát helyeztek el az áttervezett toronyban. Jól látható a 100. páncélososztály jelzése.

A column of Flammpanzer II Ausf. A/Bs and Pz.Kpfw.II. The flamethrowers of these tanks were installed into two small turrets which were placed on the front mudguards, while the incendiary fuel was stored in angular boxes on the side fenders. The Flammpanzer II didn't have the typical 2 cm KwK but instead a sole machine gun in the redesigned turret. Markings for Panzer-Abteilung (F) 100 are visible.

Péter Kocsis Collection

A Pz. II Ausf. L Luchs könnyű felderítő harckocsiból mindössze száz példány készült 1943 szeptembere és 1944 januárja között. A harcjármű személyzete négy fő volt (parancsnok/irányzó, töltő-kezelő, rádiós és vezető), főfegyverzetét egy 2 cm-es KwK 38 harckocsiágyú képezte, amelyet egy MG 34 géppuska egészített ki.

Only 100 Pz. II Ausf. L Luchs light reconnaissance tanks were produced between September 1943 and January 1944. The vehicle had a crew of four (commander/gunner, loader, radio operator and driver) and its main armament was a 2 cm KwK 38 gun with an additional MG 34 machine gun.

Péter Kocsis Collection

A felderítő feladatkörnek megfelelően a Luchs nagyteljesítményű FuG 12 és FuG Spr rádiókkal volt felszerelve. Figyeljük meg a csillagantenna páncélozott, elfordítható alapját, illetve a parancsnok fülhallgatóval egybeépített fejvédőjét!

Due to its role, the Luchs was equipped with high-performance FuG 12 and Fug Spr radios. Note the rotatable armoured pot of the star antenna and the commander's headgear with integrated earphones.

Péter Kocsis Collection

A képeken látható Pz. II Ausf. L Luchs harckocsik a 4. páncéloshadosztály állományába tartoztak, amely 1944 nyarán a keleti fronton, Litvánia nyugati részén harcolt. A legtöbb felderítő páncélos védelmét a páncélteknő frontlemezére erősített páncéllemezzel erősítették meg.

These Pz. II Ausf. L Luchs light tanks belonged to 4. Panzer-Division which fought on the Eastern Front in Western Latvia during the summer of 1944. Most of the reconnaissance tank"s hull armour was strengthened with additional armour plate.

Péter Kocsis Collection

A Luchsok végigharcolták a háborút, néhány példányuk még 1945 tavaszán is szolgálatban állt. Figyeljük meg a Nebelwurfgerät 39 ködgránátvetőket a torony oldalán és a háttérben a 35. páncélosezred Pz.Kpfw. IV harckocsiját!

The Luchs fought until the end of the war, some of them served well into the spring of 1945. Note the Nebelwurfgerät 39 smoke grenade launcher on the side of the turret and the Pz.Kpfw. IV of Panzer-Regiment 35 in the background.

Péter Kocsis Collection

Századparancsnoki Pz.Kpfw. III Ausf. E. Ennél a változatnál alkalmazták először az új, hat görgőpárral szerelt torziós rugózású futóművet. A páncéltest elején és oldalán a páncélzat vastagságát 30 mm-re növelték.

Company commander's Pz.Kpfw. III Ausf. E. This version had a new torsion bar suspension system with six road wheels. The armour thickness on the front and sides was increased to 30 mm.

Péter Kocsis Collection

Súlyosan megrongálódott Pz.Kpfw. III Ausf. F egy útkereszteződésben. Jól látható a korai változatokon alkalmazott 3,7 cm-es harckocsiágyú zárszerkezete és a lövegpajzs részletei. A fékek hűtőnyílásait védő páncélozott burkolatot ezen a változaton alkalmazták először. A harckocsin az 5. páncéloshadosztály jelzését fedezhetjük fel.

Badly damaged Pz.Kpfw. III Ausf. F at a road intersection. The breech of the 3.7 cm gun and the details of the gun mantlet are clearly seen. The armoured ventilation cowls to provide cooling air to the steering brakes were introduced during the production of this version. The insignia for 5. Panzer-Division is barely visible on the front plate.

Péter Kocsis Collection

A következő nyolc kép ugyanazon a javítóbázison készült, valahol a keleti fronton. A kép főszereplője két Pz.Kpfw. III Ausf. F és egy Panzerbefehlswagen I, illetve rengeteg, különböző páncélosról leszerelt lánctalp. A parancsnoki harckocsi oldalán és a jobb oldali Pz. III farpáncélján a 11. páncéloshadosztály jelzése látható. Érdekesség, hogy az alakulat (Panzer-Regiment 15) páncélosain csak egy és kétjegyű számokat alkalmaztak. A háttérben – a „2"-es és a „25"-ös toronyszámú harckocsi között - a 4. páncéloshadosztály egyik páncélosa is felfedezhető.

The next eight pictures were taken in the same maintenance yard somewhere on the Eastern Front. The main characters of this picture are two Pz.Kpfw. III Ausf. Fs and a Panzerbefehlswagen I, and a lot of tracks removed from different tanks. The unit insignia of the 11. Panzer-Division can be seen on the side of the command tank and the rear of the Pz. III on the right side. Interesting to note that the tanks of the unit (Panzer-Regiment 15) had only one- or two-digit turret numbers. A Pz.Kpfw. III from 4. Panzer-Division – between the tanks with turret number "2" and "25" – can be seen in the background.

Péter Kocsis Collection

Az előző képen látható javítóbázis egy másik szemszögből. A német karbantartó és javító alegységek emberfeletti munkát végeztek, hogy hadrafogható harcjárműveket varázsoljanak a sérült páncélosokból, ám erőfeszítéseik hosszútávon fenntarthatatlanok voltak. A keleti front, az afrikai, olaszországi és később a nyugati hadszíntér pár év alatt gyakorlatilag felmorzsolta a teljes német páncélos fegyvernemet.

The same yard from a different angle. The German maintenance and repair units made superhuman efforts to re-build combat ready fighting vehicles out of the damaged panzers, but their efforts weren't sustainable for a long time. The Eastern Front, North Africa, the Italian campaign and later the Western theatre of operations practically ground down the entire Panzerwaffe.

Péter Kocsis Collection

Az 5. és a 11. páncéloshadosztály harckocsijai. A „15”-ös harcászati azonosítószámú Pz.Kpfw. III Ausf. E (vagy F) a 15. páncélosezred állományába tartozott. Figyeljük meg a motorházfedél belső oldalára rögzített tartalék lánctagokat és a parancsnoki kupola mellett látható jelzőfény burkolatát! Érdekesség, hogy a torony hátuljára festett számot az oldalt látható számmal ellentétben nem javították át (a páncélos valamilyen okból kifolyólag a II. szakasztól átkerült az I. szakasz állományába).

Tanks of the 5. and 11. Panzer-Divisions. Turret number ‘15’ belonged to Panzer-Regiment 15. Note the spare track links attached to the inner side of the engine deck hatch, and the signal port cover beside the commander’s cupola. Interesting to note that unlike the number on the turret’s side the rear one hasn’t been repainted (the tank from the second platoon was moved to the first for some reason).

Az 5. páncéloshadosztály Pz.Kpfw. III Ausf. J harckocsija. A páncélteknő és a felépítmény páncélvastagságát 50 mm-re növelték, s emiatt a vezető kinézőnyílását és a homlokgéppuska gömb-pajzsát is áttervezték.

Pz.Kpfw. III Ausf. J of 5. Panzer-Division. The armour thickness of the hull and the superstructure was increased to 50mm, therefore the driver's visor and the MG ball mount were also redesigned.

Péter Kocsis Collection

Szintén az Ausf. J változatok gyártásánál alkalmazták először azt a megoldást, hogy a páncélteknő megnövelt oldallemezeinek kifúrásával alakították ki a vonószemeket, illetve a váltómű feletti nyílásokat már nem kétszárnyú, hanem egyetlen lemezből álló zárófedelekkel látták el.

The extended and drilled out hull sides for towing were introduced with the production of Pz.Kpfw. III Ausf. J. Earlier Ausführung used two-piece service hatches for access to the brakes and steering, but these were replaced with one-piece hatches as seen here.

A háttérben a 24. és 25. oldalakon szereplő Pz.Kpfw. III Ausf. J-k láthatók, az előtérben számos páncéltörő ágyú. Többségük német gyártmányú 3,7 cm-es PaK 36, középen azonban egy zsákmányolt, francia eredetű 25 mm-es S.A.L. Mle 1937 típusú ágyú is felbukkan.

Here we can see the same Pz.Kpfw. III Ausf. Js in the background as on pages 24 and 25 and a lot of anti-tank guns in the foreground. Most of them are German 3.7 cm PaK 36, but in the middle there is a captured 25 mm S.A.L. Mle 1937 gun of French origin.

Péter Kocsis Collection

Noha a motortér fölé rögzített keretantennának nyoma sincs, a képen egy parancsnoki harckocsit (Panzerbefehlswagen III Ausf. H) látunk. Ennek egyik legárulkodóbb jele a parancsnoki kupola előtt/mellett látható nagyméretű kör alakú nyílászáró fedél, amelyen keresztül a FuG 8 rádió botantennáját lehetett felállítani. Ugyancsak árulkodó jel a lövegpajzs alsó szélén látható három csavar, amely rögzítette a pajzsot – a jármű nem rendelkezett igazi löveggel, csak egy utánzattal.

While there's no trace of the frame antenna above the engine compartment, here we can see a command tank (Panzerbefehlswagen III Ausf. H). The most telltale sign of this is the large circular hatch in front of the commander's cupola, which allowed the 9 meter Kurbelmast "B" to be erected, used for long range radio transmission. The other telltale sign is the three bolts on the lower edge of the gun mantlet which fastened it to the turret – this vehicle didn't have a real gun, just a fake copy of it.

Péter Kocsis Collection

Az 5. páncéloshadosztály Pz.Kpfw. III Ausf. J harckocsijainak roncsai egy vasúti pőrekocsin. A bal első sárvédő gyűrődése alapján elképzelhető, hogy kép bal oldalán látható páncélos ugyanaz, mint amelyik az 24. oldalon szerepel. A közelebb látható páncélos kiürített motorterébe lánctalp tagokat, egy meghajtókereket és még ki tudja, mi mindent halmoztak fel a szállításhoz.

Wrecks of 5. Panzer-Division's Pz.Kpfw. III Ausf. Js on a railway flatbed car. Based on the bent left front fender of the tank at the front it could be the same vehicle as the one seen on page 24. The empty engine compartment of the nearest tank has been used to store track links, a drive sprocket and who knows what else for transport.

Motorjavítás a 4. páncéloshadosztály egyik Pz.Kpfw. III Ausf. G harckocsiján. A torony tárolódobozán kivehető a hadosztály által a „Barbarossa” hadművelet során használt jelzés, egy fordított „Y” három függőleges vonallal.

Engine maintenance on a Pz.Kpfw. III Ausf. G of 4. Panzer-Division. The unit insignia, an inverted “Y” with three vertical bars which was used during Operation “Barbarossa”, can be seen on the turret stowage box.

Péter Kocsis Collection

A háttérben álló Sd.Kfz. 8 12 tonnás vontató hátsó sarkán látható jelzés alapján ez a javítás alatt álló Pz.Kpfw. III Ausf. G a 4. páncéloshadosztály kötelékébe tartozott. Úgy tűnik, az egyszerű karbantartásnál komolyabb munkálatokat végeztek, hiszen a felépítmény teljes hátsó részét leszerelték a páncélosról.

According to the unit sign seen on the left corner of the Sd.Kfz. 8 12t tractor in the background, this Pz.Kpfw. III Ausf. G belongs to 4. Panzer-Division. Apparently the soldiers are doing some serious maintenance work as the complete rear of the superstructure has been removed.

Egy kései gyártású Pz.Kpfw. III Ausf. H egy roncstelepen. A jármű legalább négy átütő találatot kapott, így minden bizonnyal már csak alkatrészforrásként lehetett használni. A kép bal szélén Pz. II és további Pz. III roncsok, a jobb szélen egy, a nehezen kivehető jelzés alapján egykor a 3. páncéloshadosztály állományába tartozó Pz. IV maradványai láthatók.

A Pz.Kpfw. III Ausf. H in a scrap yard. The vehicle received at least four penetrating hits, so it could only be used as a donor for spare parts. There is a Pz. II and more Pz. IIIs on the left, while there is the wreck of a Pz. IV on the right, most likely from 3. Panzer-Division.

Péter Kocsis Collection

Egy, az útról félretolt, kiégett Pz.Kpfw. III Ausf. G roncsa. A felépítmény homlokpáncélzatának a felét elpusztította a találat, amely egyben a jármű végzetét is okozta. Figyeljük meg a korai, nyolclyukú meghajtókereket és a szintén korai láncfeszítőkereket!

Wreck of a burned out Pz.Kpfw. III Ausf. G pushed aside from the road. A hit destroyed half of the superstructure's front plate and caused the destruction of the vehicle. Note the early idler wheel and the drive sprocket with eight holes.

Péter Kocsis Collection

Egy Pz.Kpfw. III Ausf. F motorházfedelének eltávolítása. Az F széria utolsó 80-90 példányát már a képen is látható új, 5 cm-es KwK L/42 löveggel szerelték fel. Az előtérben álló két katona a motorházfedél szélére tábori körülmények között felerősített tartólemezeket fogja, amelyekre különböző felszerelési tárgyakat rögzítettek. Figyeljük meg a jobb oldali hűtőrácsba tűzött tartalék csapszegeket!

Removing the engine deck from a Pz.Kpfw. III Ausf. F. The last 80-90 of the Ausf.Fs were armed with the new 5 cm KwK L/42 gun as can be seen here. The two soldiers in the foreground hold field made brackets which were used to store different equipment. Note the track pins tucked into the grille on the right side.

Péter Kocsis Collection

Fogatlan oroszlán az úton. Ennek a Pz.Kpfw. III Ausf. H-nak valamiért eltávolították a főfegyverzetét, ettől eltekintve azonban teljesen épnek tűnik. A bal első sárvédőre írt 447-es szám jelentése sajnos nem ismert. Figyeljük meg az igencsak gazdag málházást, amire egy NSU 601 motorkerékpár teszi fel a koronát!

A toothless lion on the road. The main armament of this Pz.Kpfw. III Ausf. H has been removed for some reason, but apart from that it seems completely intact. The meaning of „447" written on the left front fender is unknown. Note the extensive stowage on the vehicle crowned by an NSU 601 bike.

Péter Kocsis Collection

Rzsev - A 4. páncéloshadosztály 35. páncélosezredének Tauchpanzer III Ausf. H harckocsija és egy lecsupaszított, 1943 első felében gyártott StuG. III Ausf. G maradványai Rzsevnél. Úgy tűnik, hogy a katonák épp a magára hagyott rohamlövegről szereltek le néhány futógörgőt, hogy harckocsijuk sérült futóművét megjavítsák.

A Tauchpanzer III Ausf. H of Panzer-Regiment 35 (4. Panzer-Division) and the remains of a stripped StuG. III Ausf. G produced in the first half of 1943. It seems that the soldiers have just removed a couple of wheels from the abandoned assault gun to repair the running gear of their own tank.

Péter Kocsis Collection

Egy-két szereplő ruházata alapján úgy tűnik, hogy a páncélosok javítási és karbantartási munkálataiba helyi civileket is bevontak. A Pz.Kpfw. III Ausf. H teknőjének és felépítményének 30 mm-es rácsavarozott lemezekkel növelték a páncélvédelmét. Az így keletkezett súlytöbblet miatt új, öntött meghajtókereket, hegesztett láncfeszítőkereket és szélesebb futógörgőket, illetve lánctalpat alkalmaztak.

According to the clothing of some of the workers, local residents were also involved in the repair and maintenance work. The Pz.Kpfw. III Ausf. H's hull and superstructure protection was increased with 30 mm bolted armour plates. Due to the additional weight, new cast drive wheels, welded idler wheels and wider running wheels and tracks were used.

Péter Kocsis Collection

A 10. páncéloshadosztály 7. páncélosezredének Pz.Kpfw. III Ausf. H harckocsija egy Sd.Kfz. 9 FAMO által vontatott Sd.Ahn. 116 mélyrakodó utánfutón. Az alakulatjelzés alig észrevehető a torony oldalsó kinézőnyílása alatt.

Pz.Kpfw. III Ausf. H of Panzer-Regiment 7 (10. Panzer-Division) on a Sd.Ah. 116 trailer towed by a Sd.Kfz. 9 FAMO. The regimental bison insignia is just visible below the turret side visor.

Péter Kocsis Collection

5 cm-es repesz-romboló lőszer (5 cm Sprenggranatpatrone 38) málházása a 7. páncélosezred egyik Pz.Kpfw. III Ausf. G vagy H harckocsijába. Az L/42-es löveghez összesen 99, a két MG 34 géppuskához pedig 3750 darab lőszert lehetett bemálházni a harckocsiba.

Loading 5 cm high-explosive ammo (Sprenggranatpatrone 38) into a Pz.Kpfw. III Ausf. G or H of Panzer-Regiment 7. For the L/42 main gun 99 rounds could be carried and for the two MG 34 machine guns 3750 rounds.

Péter Kocsis Collection

Német katonák pózolnak egy Pz.Kpfw. III Ausf. J előtt, valahol a keleti fronton. Figyeljük meg a homlokgéppuska gömbpajzsát és a vezető új tervezésű kinézőnyílását!

German soldiers posing in front of a Pz.Kpfw. III Ausf. J, somewhere on the Eastern Front. Note the ball-mount of the machine gun and the newly designed driver's visor on the front plate.

Péter Kocsis Collection

Az 5. páncéloshadosztály 31. páncélosezredének téli álcázású Pz.Kpfw. III Ausf. J harckocsija a keleti front középső sávjában, Rzsevtől északnyugatra, Znamenszkojénál. Az első sárvédőket gyakran felhajtották, mert amint az a képen is jól látható, a sár, vagy jelen esetben a hó könnyen megült a meghajtókeréknél és akadályozta a futómű működését.

Whitewashed Pz.Kpfw. III Ausf. J of Panzer-Regiment 31 (5. Panzer-Division) in the central sector of the Eastern Front at Znamenskoye (northwest of Rzhev). The front mudflaps were often folded up so the accumulated mud or snow did not hinder the proper operation of the running gear.

Három Pz.Kpfw. III Ausf. J harckocsi a keleti fronton. Mindhárom járműnek tárolókat szerkesztettek a motorterére, amelyben a személyzet különféle felszereléseket és eszközöket tartott. Figyeljük meg a középen álló páncélos sárvédőjére szerelt fellépőt, amely vélhetőleg egy Pz.Kpfw. Ausf. IV Ausf. F-ről származik!

Three Pz.Kpfw. III Ausf. Js on the Eastern Front. All vehicles have a field made stowage box on the engine deck where the crews stored their gear and other equipment. Note the step fixed to the mudguard of the vehicle in the middle, which appears to be from a Pz.Kpfw. IV Ausf. F.

Péter Kocsis Collection

A 300. (rádiótávirányítású) páncélososztály Pz.Kpfw. III Ausf. J páncélosokkal és Borgward BIV nehéz robbanóanyag-szállító járművekkel volt felszerelve, mikor 1942-ben a Krím térségébe irányították. A BIV-ben ülő vezető megközelítette a kijelölt célpontot (bunkert, megerődített állást), majd elhagyta a járművet, amit a Pz.Kpfw. III-ban elhelyezett rádióval irányítottak tovább. Amint a Borgward elérte a célt, lehelyezte a robbanóanyagot és elhagyta a veszélyes területet.

Panzer-Abteilung 300 (F.L.) was equipped with Pz.Kpfw. III (Funk) Ausf. Js and Borgward BIV heavy explosive carriers when it was sent to the Crimea in 1942. A driver in the BIV would bring it to the designated target (bunkers, strengthened positions) before dismounting and then directing it to the target by radio control which was placed in the Pz.Kpfw. III. When it reached the target, the BIV would drop the charge and leave the danger area.

Péter Kocsis Collection

A 300. (rádiótávirányítású) páncélososztály egyik átalakított Pz.Kpfw. III Ausf. J harckocsija. A torony hátuljára épített nagyméretű tárolódobozban helyezték el a Borgward BIV nehéz robbanóanyag-szállítók távirányításához szükséges rádiókészüléket. Figyeljük meg a rádió dobozra szerelt antennáját és a jármű álcázófestését, amely valószínűleg a sötétszürke alapra telkent sár! A háttérben egy Opel Blitz 3,6-6700A teherautó látható.

A modified Pz.Kpfw. III (Funk) Ausf. J of Panzer-Abteilung 300 (F.L.). The additional radio equipment for the remote controlled BIVs was placed in the large armoured turret bin. Note the antenna mounted on the top of the bin and the camouflage paint of the tank, which is dark grey with what is most likely mud camouflage. There is an Opel Blitz 3,6-6700A truck in the background.

Péter Kocsis Collection

Gyári újnak látszó tüzérségi megfigyelő páncélos (Beobachtungspanzer), amelyet a Pz.Kpfw. III Ausf. G bázisán alakítottak ki. Ezeket a járműveket a páncéloshadosztályok (10,5 cm-es Wespe, illetve 15 cm-es Hummel) önjáró lövegekkel felszerelt tüzérütegeihez osztották be, feladatuk a tüzérségi eszközök tüzének irányítása és pontosítása volt.

Brand new artillery observation tank (Beobachtungspanzer) based on a Pz.Kpfw. III Ausf. G. These vehicles were put into service in those artillery battalions of the Panzer Divisions which used 10,5 cm Wespe and 15 cm Hummel self-propelled guns. Their main task was to control and adjust the fire of the battalion.

Péter Kocsis Collection

Pz.Kpfw. IV Ausf. C harckocsi, páncélozott párhuzamosított géppuskával a lövegpajzson, Franciaországban, 1940-ben. Az Ausf. B és C változatokon nem alkalmaztak homlokgéppuskát, a rádiós előtt csupán egy hagyományos kinézőnyílás volt. Figyeljük meg a vezető kinézőnyílása feletti esővető lemezt!

Pz.Kpfw. IV Ausf. C with armoured sleeve for the coaxial machine gun on the mantlet, France 1940. The radio operator's machine gun was dropped during the production of Ausf. B and C and replaced with a simple visor and pistol port. Note the rain guard above the driver's visor.

Egy Pz.Kpfw. IV Ausf. D egy Sd.Ah. 116 mélyrakodó utánfutón. A patak sáros, ingoványos partján igencsak nagy szükség lehetett a tréler hátulján kialakított vezetőállásban dolgozó katona szakértelmére, hogy a vontatmány épségben átjusson a túlpartra. Figyeljük meg a harckocsi védelmét növelő 30 mm-es csavarozott kiegészítő páncélzatot a homlokpáncélzaton!

A Pz.Kpfw. IV Ausf. D on a Sd.Ah. 116 trailer. The muddy, swampy bank of a creek required great skills from the soldier who worked in the steering cab at the back of the trailer to get over to the other side. Note the bolted 30 mm additional plates on the front armour of the vehicle.

Péter Kocsis Collection

A von Kleist vezérezredes parancsnoksága alatt álló 1. páncéloscsoport (korábban Kleist páncéloscsoport) 5. páncéloshadosztályának Pz.Kpfw. IV Ausf. E harckocsijai a Balkánon, szerb területen. A Jugoszláv Királyság elleni hadjárat 1941. április 6-án vette kezdetét, az 1. páncéloscsoport Bulgária területéről indította meg északi irányú támadását.

Pz.Kpfw. IV Ausf. E of the 5. Panzer-Division which fought under the command of Panzergruppe 1 (formerly Panzergruppe Kleist) led by Generaloberst von Kleist during the invasion of the Balkans. The war against the Yugoslavian Kingdom started on 6 April 1941 when Panzergruppe 1 attacked from Bulgaria towards the north.

Péter Kocsis Collection

Az út vége. Egy megsemmisült Pz.Kpfw. IV Ausf. E roncsa az út mellé tolva. A kereszt a túloldalon valószínűleg a kezelőszemélyzet egyik (vagy több) tagjának a végső nyughelyét jelöli. A jármű végzetét egy belső robbanás okozhatta, amely a teljes felépítményt letépte a páncélteknőről.

The end of the road. A destroyed Pz.Kpfw. IV Ausf. E pushed off the road. The cross on the other side may mark the grave of a member (or more) of the crew. The vehicle's fate was caused by an internal explosion which dislocated the complete superstructure.

Péter Kocsis Collection

A 3. páncéloshadosztály 6. páncélosezredének Pz.Kpfw. IV Ausf. F1 harckocsija a keleti fronton, 1943-ban. Az alakulatjelzések nehezen ugyan, de felfedezhetők a ködfejlesztő védőlemezére festett hasábkereszt két oldalán. A torony megfigyelőnyílása és a hasábkereszt körül látható világosabb árnyalat alapján a járművet eredetileg az afrikai hadszíntérre szánhatták és csak utóbb festették át valamilyen sötétebb színnel. Érdekes, hogy a lövegcső alól hiányzik az antennaterelő keret.

Pz.Kpfw. IV Ausf. F1 of Panzer-Regiment 6 (3. Panzer-Division) on the Eastern Front, 1943. It's hard to see, but there are two unit insignias on both sides of the Balkenkreuz, the Berlin Bear to the right and the inverted "Y" with two ticks to the left. According to the lighter colour around the turret's vision port and the Balkenkreuz, the vehicle was to be shipped to North Africa originally, and received a darker colour only later. Note the missing aerial deflector below the gun barrel.

Péter Kocsis Collection

EgyPz.Kpfw. IV Ausf. F1 műszaki mentése igencsak zord, téli körülmények közepette. Az Sd.Kfz. 9 FAMO valószínűleg egy befagyott patakon vontatja át a sérült futóművű harckocsit. A vékony jégpáncélt farönkökkel erősítették meg. Figyeljük meg a páncélos hátulján a toronyforgató motor kipufogóját, az új kipufogót és a vontató hátlemezére aggatott különböző („U" és „S" alakú) vonószemeket!

Recovery of a Pz.Kpfw. IV Ausf. F1 in harsh winter conditions. The Sd.Kfz. 9 FAMO is towing the damaged tank over what appears to be a frozen stream, the thin ice strengthened with logs. Note the auxiliary muffler for the turret traverse engine, the new main muffler and the different ("U" and "S" shaped) shackles hanging on the FAMO's rear plate.

Péter Kocsis Collection

Péter Kocsis Collection

Egy bevagonírozott, téli álcázófestéssel alaposan ellátott Pz.Kpfw. IV Ausf.F1, amelynek megsérült a futóműve. Ez a változat már új meghajtó- és láncfeszítőkerékkel rendelkezett, illetve a korábbi, egy tagból álló toronyajtó helyett kétfelé nyíló ajtókat kapott. Figyeljük meg, hogy az első futógörgőről hiányzik a gumírozás!

A Pz.Kpfw. IV Ausf. F1 with damaged running gear and a solid coat of winter camouflage paint loaded on a railway wagon. This version had new sprocket and idler wheels, and two-piece hatches instead of the earlier, one-piece hatches on the turret sides. Note the missing tire of the first road wheel.

A szabályos toronyszámok helyett barátnők neveivel dekorált, gyári új Pz.Kpfw. IV Ausf.G-k oszlopa. A gyártás egyszerűsítése végett a torony oldaláról és homlokpáncéljának jobb oldaláról már elhagyták a kinézőnyílásokat, ugyanakkor megjelentek a tornyon a ködgránátvetők. Figyeljük meg, hogy az ötödik páncélosnak még kétajtós parancsnoki kupolája van!

A column of brand new Pz.Kpfw. IV Ausf. Gs decorated with girlfriends' names instead of regular turret numbers. To simplify production, vision ports on both sides and the front right of the turret were dropped and turret smoke dischargers introduced. The fifth vehicle in line is an earlier build with two-piece hatch and no dischargers.

Péter Kocsis Collection

A 4. páncéloshadosztály Pz.Kpfw. IV Ausf. G harckocsija a keleti fronton. A Bosch-lámpa vezetéke, a vízszintes antennaterelő és a csőtisztító rudak elhelyezése alapján a jármű a Nibelungenwerke üzemében készült, amely elsőként alkalmazta a ködgránátvetőket a torony oldalán. Figyeljük meg a 30 mm-es kiegészítő páncélzatot a felépítmény elején!

Pz.Kpfw. IV Ausf. G of Panzer-Regiment 35, 4. Panzer-Division on the Eastern Front. According to the position of the Bosch headlight's cable, the horizontal aerial deflector and the position of the gun cleaning rods the vehicle was produced by Nibelungenwerke, which was also the first to mount turret smoke dischargers. Note the additional welded front armour plate on the superstructure.

Péter Kocsis Collection

Téli álcázású, Pz.Kpfw. IV Ausf.G, amelyet a torony emelőkampója alatt látható csavar és a szögben rögzített antennaterelő alapján a Krupp gyártott. Figyeljük meg, hogy a hűtőrács védőlemezeinek zöme zárt állapotban van!

Whitewashed Pz.Kpfw. IV Ausf. G. The conical bolt below the turret lifting hook and the bent aerial deflector were specifics of Krupp production. Note that most of the cover plates for the air inlet opening are in the closed position.

Péter Kocsis Collection

Érdekes festésű korai Pz.Kpfw. IV Ausf.G a keleti fronton. A parancsnoki kupola zárófedele még két elemből áll, a rádió antennája pedig még a páncélos jobb oldalán, középen látható. A kiegészítő köténypáncélzatot 1943 áprilisától kezdték el alkalmazni, a képen az első szériában használt megoldás látható, amelyet utólag rögzítettek erre a páncélosra.

Early Pz.Kpfw. IV Ausf. G on the Eastern Front with interesting camouflage. The commander's cupola still has the two-piece hatch and the antenna is in the middle of the vehicle's right side. The side skirts were introduced from April 1943. In this case we can see the earlier version which were retrofitted to this tank.

Péter Kocsis Collection

Bad Sachsanál kilőtt és megsemmisített Pz.Kpfw. IV Ausf. G egy út mentén. A találat következtében kiszakadt a páncélteknő oldala és lerobbant a második futógörgő pár. A felépítményen még felfedezhető a rádiós oldalsó kinézőnyílása, amelyet a későbbiekben a köténylemezek alkalmazásával már elhagytak. Figyeljük meg a páncélteknő elején elhelyezett T-34 lánctagokat!

Pz.Kpfw. IV Ausf. G knocked out and destroyed at Bad Sachsa lay abandoned next to the road. The side of the hull was penetrated and the second pair of road wheels blown off. The side visor of the radio operator is clearly seen, which was deleted a few months after the introduction of the side skirts. Note the T-34 track links on the front of the hull.

Péter Kocsis Collection

Egy korai gyártású Pz.Kpfw. IV Ausf. G, amelyet utólag láttak el zimmerit bevonattal és a II. sorozatban gyártott köténytartó sínnel. A lövegcső alatt kivehető a torony homlokpáncélzatának jobb oldalán kialakított kinézőnyílás, illetve a rádiós kinézőnyílása a páncéltest oldalán. Érdekes a farpáncélra festett rendszám, amely a finneknek átadott járművek számozására hasonlít, de nem teljesen ugyanolyan.

This early Pz.Kpfw. IV Ausf. G with ball muzzle brake was retrofitted with 2. series side skirt rails and zimmerit coating. We can see the vision port on the right side of the turret's front armour beneath the gun barrel and the vision port of the radio operator on the superstructure's right side. Interesting to note is the license number on the rear plate which is similar but not exactly the same as ones used by the Finnish Army.

Péter Kocsis Collection

A kezelőszemélyzet egy harcedzett, kései kivitelezésű Panther Ausf. D motorját szereli, valószínűleg 1943-1944 telén a keleti fronton. Az Ausf. D változat számos gyermekbetegségtől szenvedett, amelyeket az idő előre haladtával sikerült orvosolni. Figyeljük meg, hogy a páncéltest oldalára függesztett tartalék lánctagokat további láncszemekkel egészítették ki, hogy növeljék a páncélvédelmet!

The crew repairing the engine of a late Panther Ausf. D, winter 1943-1944 on the Eastern Front. The Ausf. D suffered from many teething troubles when it was first introduced, but for the most part these were eventually solved. Note the additional spare track links on the already attached links on the side of the hull.

Péter Kocsis Collection

Az előző képen látható Panther Ausf. D egy másik szögből fényképezve. Jól láthatók a két-nyílásos irányzóműszer lyukai a lövegpajzson, illetve az egyetlen, a jármű elejének bal oldalán rögzített fényszóró.

The same Panther Ausf. D from a different angle. Clearly visible are the holes for the binocular gunsight in the gun mantlet, complete with rain guard, and the single headlight on the left side of the front armour.

Péter Kocsis Collection

Egy megsemmisült Panther Ausf. D a keleti fronton. A homlokpáncélzat egyszerűen leszakadt és a lövegcső is felrobbant – a harckocsit valószínűleg a saját személyzete tette használhatatlanná a vezető és a rádiós munkaállásában, illetve a lövegcsőben elhelyezett robbanóanyaggal.

A destroyed Panther Ausf. D on the Eastern Front. The roof armour is almost torn off the superstructure and the gun has also blown up – the tank was most likely destroyed by its crew by placing explosives in the driver's and radio operator's compartment, and into the gun barrel.

Péter Kocsis Collection

Hátrahagyott korai, gyártású Panther Ausf. A lecsupaszított roncsa egy út mellett. A járművet már zimmeritezés borítja, de a bal oldali kipufogó mellől még hiányoznak a küzdőtér fűtésrendszerének csövei, amelyeket 1944 februárjától alkalmaztak, az emelő rögzítője pedig még vízszintesen van felhelyezve a farpáncélra. Az egynyílásos irányzóműszert 1943 november végétől/decembertől használták, de sok esetben még korábbi gyártású lövegpajzsot használtak fel, ezért – ahogy az a képen is látható – a feleslegessé vált nyílást behegesztették, ám a nyílások feletti esővetőt megtartották.

Stripped down wreck of an early Panther Ausf. A beside a road. The vehicle is already coated with zimmerit but the additional cooling air pipes that were part of the crew compartment heater system are still missing from both sides of the left exhaust pipe. This was introduced in January 1944. A vertical mount for the 20t jack replaced the horizontally mounted 15t jack, the brackets of which are seen here. The monocular gunsight was introduced in late November/December 1943, but at that time the earlier gun mantlet was still in use so the second hole was plugged, while the rain guard above the apertures was kept.

Péter Kocsis Collection

A következő három képen a 101. páncélosdandár 2101. páncélososztályának Panther harckocsijai láthatók. Az alakulatnak 1944 júliusában, illetve augusztus elején szállítottak le 36 darab Panther harckocsit. Jól látható a korábbi (Ausf. D és A, a képen az utóbbi szerepel) változatokra jellemző kötényzet, amelyet a későbbi Ausf. G verziónál már leegyszerűsítettek.

The next three picture shows the Panthers of Panzer-Abteilung 2101 (Panzer-Brigade 101). The unit received 36 Panther tanks during July and in the beginning of August 1944. We have a clear view of the characteristic side skirts of the earlier versions (Ausf. D and A, here we see the latter one) which were later simplified for the Ausf. G.

Péter Kocsis Collection

Az osztály egyik vadonatúj Panther Ausf. G-je közelről. Jól látható a vezető új kialakítású búvónyílása és a forgatható figyelőműszer, amely a korábban alkalmazott kettő rögzített műszert váltotta. A parancsnok mögött a rendszeresített periszkóp egy része látható, a lövegpajzs fölül pedig még hiányzik az esővető lemez, amit 1944 augusztusától kezdtek el alkalmazni.

Close shot of one of the unit's brand new Panther Ausf. G. The redesigned driver's hatch and the traversable periscope are clearly visible – the latter replaced the previously used two fixed periscopes. Behind the commander we can see part of the rod periscope. The debris guard above the gun mantlet was introduced in August 1944 so this is an earlier vehicle.

Péter Kocsis Collection

Talán az előző képen látható Panther Ausf. G jobb oldalról fényképezve. Figyeljük meg, hogy az emelő fából készült alátétjének a páncéltest oldalára rögzített tartójában még a korábbi, kisebb változatú alátét látható, amelyet az Ausf. D és A változatokon használtak!

This could be the same Panther from the other side. Note the earlier, shorter wooden jack block used on Ausf. As and Ds, although the brackets on the superstructure side are for the longer block used on Ausf. Gs.

Péter Kocsis Collection

Amerikai katonák egy csoportja egy kilőtt, 1944 augusztus/szeptemberben gyártott Panther Ausf. G-t kutat át – a lövegpajzs felett már megfigyelhető az augusztustól alkalmazott védőlemez, de a járművet még zimmeritezés borítja. A páncélos végzetét okozó találat jól kivehető a torony oldalának felső szélén, közvetlenül a tartalék futógörgő előtt.

A group of U.S. soldiers examine a Panther Ausf. G produced in August/September 1944 – the debris guard can be seen above the gun mantlet, but the vehicle still has zimmerit anti-magnetic coating. The hit which caused the destruction of the tank is clearly seen on the upper edge of the turret's side armour, directly in front of the spare road wheel.

A festés mintázata alapján ezt a megsemmisült Panther Ausf. G-t a Daimler-Benz gyártotta 1944 őszén, vagy azt követően. A vezető elfordítható figyelőműszerén már ott van az esővető lemez, a torony tetőlemezének szélén pedig felfedezhetjük a mérgesgáz-jelző panel rögzítő elemét is.

According to its camouflage scheme, this Panther Ausf. G was produced by Daimler-Benz during the autumn of 1944 or later. The driver's traversable periscope is already fitted with a rain guard and we can spot one of the mounts for a poison gas identification panel on the edge of the turret roof.

Paul Johnson Collection

Amerikai katonák pózolnak egy kilőtt és kiégett Panther Ausf. G harckocsin. A páncélos valószínűleg 1944 szeptember végén, vagy októberben készült, mivel már nincs rajta zimmerit bevonat, de a kipufogón még nem rendelkezik lángrejtő burkolattal. A motortér egyik fedőeleme a kör alakú hűtőráccsal és a rádiós vagy a vezető búvónyílásának a fedele a harckocsi mögött hever a földön.

U.S. soldiers posing on a destroyed, burnt out Panther Ausf. G. This tank was probably produced at the end of September or October 1944, since it lacks a zimmerit coating but still doesn't have the flame suppressor exhaust mufflers. We can see one of the engine deck plates with the circular radiator grille and a driver or radio operator's hatch on the ground behind the vehicle.

Péter Kocsis Collection

Valószínűleg az 503/3. nehézpáncélos-század korai gyártású Pz.Kpfw. VI Ausf. E (Sd.Kfz. 181) Tiger harckocsija 1943 nyarán. Jól látható a torony oldalán a ködgránátvetők tartója, amiről azonban hiányoznak a vetőcsövek. Figyeljük meg a páncéltest oldalára tábori körülmények között felerősített tartókeretet, a teknő frontpáncéljára erősített tartólemezt a tartalék lánctagok számára és a készenlétbe helyezett vontatókábeleket!

Pz.Kpfw. Tiger Ausf. E (Sd.Kfz. 181) early version, probably from 3./s.Pz.Abt. 503 in the summer of 1943. The bracket for the smoke grenade discharger on the turret side is clearly visible, but the launchers themselves are missing. Note the field made storage frame on the side of the superstructure, the spare track holder on the front plate and the attached towing cables.

Péter Kocsis Collection

Korai gyártású parancsnoki Tiger (Befehlstiger) a keleti fronton. A nehézpáncélos-osztályok (schwere Panzer-Abteilung) törzseiben előírás szerint három parancsnoki harcjárművet alkalmaztak. Figyeljük meg, hogy a futómű külső sorából három görgő hiányzik!

Command version of an early Tiger (Befehlstiger) on the Eastern Front. According to the organization orders there were three command vehicles in the HQ company of the heavy tank battalions (schwere Panzer-Abteilung). Note that three roadwheels are missing from the outer row.

Péter Kocsis Collection

Az előző képen látható Tiger hátulról. A torony hátuljára rögzített tárolódobozra festett „I"-es harcászati azonosítószám alapján ez az osztályparancsnok páncélosa volt. A parancsnoki harcjárművek több rádióval rendelkeztek, s ezekhez több antennát alkalmaztak. A bal oldali kipufogó mellett a plusz antenna tárolócsöve látható.

The same Panzerbefehlswagen Tiger from behind. According to the „I" turret number painted on the stowage box it was the tank of the Battalion commander. Command vehicles had multiple radios and used multiple antennas. Next to the left exhaust, the storage tube for the Sternantenna (star aerial) is shown.

Péter Kocsis Collection

Az 1943 nyarától gyártott Tigerek legszembetűnőbb ismertetőjegye az új, öntött parancsnoki kupola volt, ami nagyobb védelmet és jobb kilátást biztosított a parancsnok számára, illetve a szeptembertől alkalmazott zimmerit, anti-magnetikus bevonat, amely a mágneses tapadóaknák felhelyezését volt hivatott meggátolni.

The main characteristics of the Tigers produced from the summer of 1943 were the new cast cupola which provided more protection and a better view for the commander, and the zimmerit coating which prevented the use of magnetic mines by the enemy.

Péter Kocsis Collection

Úgy tűnik, ennek a Tigernek a személyzete igyekezett csak a legszükségesebb felületeket ellátni téli álcázó festéssel – sem a jármű hátulján, sem a rádiós búvónyílásán nem látható fehér szín. A rendkívül összetett futómű külső sorának első görgőjét gyakran leszerelték, hogy kevesebb sár rakódjon le a görgőkön, amely akadályozhatta a mozgást.

It seems that the crew of this Tiger tried to cover only the most necessary surfaces with winter camouflage paint – neither the rear of the vehicle nor the radio operator's hatch is white. The first road wheel of the outer row of the extremely complex running gear was often removed to eliminate mud build-up, which could have impeded movement.

Péter Kocsis Collection

Üzemanyaggal töltenek fel egy kései gyártású Tigert. A belső gumírozású fém futógörgőket – elsősorban anyagtakarékosság miatt – 1944 februárjától kezdték el alkalmazni a Tigereken. Noha ezeknek a nehézpáncélosoknak a gyártása 1944 augusztusában leállt, a Tigerek a háború utolsó napjáig harcoltak.

Refuelling a late Tiger. The steel-tired road wheels were introduced in February 1944, mainly to save rubber. Although production of these heavy tanks ceased in August 1944, the Tigers fought until the last day of the war.

Péter Kocsis Collection

Pz.Kpfw. 38(t) pihenőállásban. A személyzet bokrok közé rejtette a harckocsit és valamivel hátrébb állította fel a sátrát. A búvónyílások és a motorházfedél is nyitva van, hogy a jármű átszellőzhessen a nyári melegben. Figyeljük meg az egyedi toronyszámot!

A Pz.Kpfw. 38(t) in a resting area. The crew hid the vehicle between bushes and set their tent up a little further back. All the hatches and the engine deck are open to allow the vehicle to ventilate in the summer heat. Note the unique style of the tactical number on the turret.

Péter Kocsis Collection

Az orosz táj végeláthatatlan sztyeppéin a német páncélosok szürke színe igencsak feltűnő volt, ezért a kezelőszemélyzetek igyekeztek valamilyen megoldást találni. Ezt a Pz.Kpf. 38(t)-t valószínűleg sárral kenték be, így már jobban beleolvadt a környezetbe. Ezt az eljárást általánosan használták 1942-ben a Krím térségében. A toronyszám kinézete alapján ez a páncélos a 22. páncéloshadosztály állományába tartozott. A személyzet épp az ebédjét készül elfogyasztani.

The grey colour of German tanks was quite striking on the endless steppes of Russia, so the crews tried to find some solutions. This Pz.Kpfw. 38(t) was covered with mud and thus it has become more integrated into the environment. Mud camouflage was commonly seen in the Crimea in 1942, and given the style of the turret number, this vehicle is probably from 22. Panzer-Division. The crew is just about to have lunch.

Péter Kocsis Collection

A német páncélos fegyvernem dicső napjai a keleti fronton. A képen egyetlen dolgot nem találunk: német gyártású járművet. Egy cseh eredetű Pz.38(t) harckocsi egy francia Renault AGR tehergépkocsit vontat, amelyet francia Berliet és Matford tehergépkocsik követnek. Mivel a német gazdaság önmagában képtelen lett volna ellátni a haderőt elegendő mennyiségű járművel, a megszállt országok iparát is igába hajtották.

Glory days of the Panzerwaffe on the Eastern Front. There is only one thing we cannot see in this picture: any vehicle of German origin. A Czech made Pz.Kpfw. 38(t) towing a French Renault AGR, which is followed by a Berliet and a Matford truck, both of which were produced in France. While the German economy wasn't able to produce enough vehicles, all occupied countries' industries were put into service.

Péter Kocsis Collection

Ismerős helyszín, ezúttal egy erőteljesen megrongálódott Pz.Kpfw. 38(t)-vel. A 21-28. oldalakon látható telephelyen járunk, amely könnyen beazonosítható a kerítésről és a háttérben sorakozó lövegekről.

A familiar place, this time with a heavily damaged Pz.Kpfw. 38(t). We are in the same yard as we saw on pages 21-28, which is easily identifiable by the fence and the guns in the background.

A 900. tandandár (Lehr-Brigade 900) „Scharnhorst" nevű StuG. III Ausf. B lövege a Szovjetunióban, 1941 nyarán. A dandár 900. (gépesített) tüzérosztályának három ütegét vontatott 10,5 cm-es könnyű tábori tarackkal szerelték fel, míg 4. ütegét a hat rohamlöveggel rendelkező 900. rohamlövegüteg alkotta. A magasabbegység a „Barbarossa" hadművelet során zömmel a Közép Hadseregcsoport alárendeltségében harcolt, többek közt a minszki, szmolenszki és moszkvai csatákban.

„Scharnhorst" is a StuG. III Ausf. B of Demonstration Brigade 900 (Lehr-Brigade 900) in the Soviet Union, during the summer of 1941. Three batteries of the brigade's Artillery Battalion 900 (Artillerie-Abteilung 900) were equipped with 10,5 cm light field howitzers (le.FH.18) while the 4. battery was made up of Assault Gun Battery 900 (Sturmgeschütz-Batterie 900) with six StuG. III assault guns. The Brigade fought most of its battles under the command of Army Group Centre, including the battles of Minsk, Smolensk and Moscow.

Péter Kocsis Collection

A StuG. III Ausf. F 1942 áprilisában jelent meg a harctereken. Az egyre nagyobb számban megjelenő szovjet T-34 és KV harckocsik miatt a rohamlövegek rövid, L/24-es lövege már nem bizonyult elegendőnek, ezért az amúgy kiválóan teljesítő rohamlövegek erősebb fegyverzetet kaptak. A képen egy L/43 csőhosszúságú löveggel felszerelt StuG. III Ausf. F motorházát emelik le.

The StuG. III Ausf. F appeared on the battlefield in April 1942. Due to the increasing number of powerful T-34 and KV tanks, the short L/24 gun of the earlier StuG was no longer sufficient, so the otherwise excellent assault guns were given stronger armament consisting of a 7.5cm L/43 gun. Here we can see the crew removing the engine deck.

Péter Kocsis Collection

Érdekes festésű StuG. III Ausf. G rohamlöveg. A zimmerit mintázata, az öntött lövegpajzs, a körbeforgatható géppuska bekötési pontja – amelyről jelen esetben maga a fegyver hiányzik – és a homlokpáncélra erősített lövegrögzítő alapján ez a jármű az Alkettnél készült, valószínűleg 1944 nyarán. A jármű hivatalos lőszerjavadalmazása 54 gránát volt, a kezelőszemélyzetek azonban az adott feladattól függően időnként többet is bemálháztak. Érdekesség, hogy a teknő elejéről hiányzik a páncélvédelmet növelő tartalék lánctalp.

StuG. III Ausf. G with a strange camouflage pattern. Given the waffle pattern zimmerit, cast mantlet, presence of the mount for the rotating MG but lack of the actual weapon, and the barrel support on the glacis, this vehicle was built by Alkett, most likely in the summer of 1944. The official ammo supply was 54 rounds, however, the crews often stored more depending on their task. It is interesting to note the missing spare track links from the hull front plate.

Péter Kocsis Collection

A farpáncélra és a kötényzetre festett „L" betű alapján ez a StuG. III Ausf. G valószínűleg az 5. páncélvadász-osztály rohamlövege volt. A személyzet a motorháztetőn halmozta fel a felszerelését és még egy motorkerékpárnak is jutott hely a páncéloson. Figyeljük meg a farpáncélon a páncélvadász alakulat harcászati jelzését és a kötényzetre festett szokatlanul nagyméretű hasábkeresztet!

According to the letter "L" on the rear armour and side skirt, this StuG. III Ausf. G belonged to Panzerjäger-Abteilung 5. The crew placed their equipment onto the engine deck and even a motorcycle found its place on the vehicle. Note the tactical marking of the anti-tank unit on the rear and the unusually large Balkenkreuz on the side skirt.

Péter Kocsis Collection

A 4,7 cm PaK (t) (Sf) auf Panzerkampfwagen I Ausf. B-t 1940-1941-ben gyártották. Mivel a német csapatoknak ebben az időszakban a 3,7 cm-es PaK 36 páncéltörő ágyú volt az egyetlen kifejezetten páncélelhárításra tervezett fegyvere, a cseh Skoda gyár által gyártott, és a német csapatok zsákmányába került 4,7 cm-es löveg jelentős előrelépést jelentett.

The 4,7 cm (t) (Sf) auf Panzerkampfwagen I Ausf. B was produced between 1940-1941. As the 3.7 cm PaK 36 was the only weapon specially designed for the anti-tank role during this period, the use of captured 4.7 cm guns producod by Skoda provided a significant increase in capabilities.

Péter Kocsis Collection

A Marder II Ausf. D (7,62 cm PaK36(r) auf Fgst. Pz.Kpfw. II Ausf. D) a Pz.Kpfw. II Ausf. D alvázának és a zsákmányként német kézre került szovjet 7,62 cm-es F-22 Model 1936 páncéltörő ágyúnak a házasságából született szükségmegoldásként – a német csapatoknak igencsak nagy szüksége volt egy erőteljes és mozgékony páncéltörő ágyúra az egyre nagyobb számban felbukkanó szovjet harckocsik ellen. Ez a példány egy D2 változat, melyet nagyobb számban gyártottak.

The Marder II Ausf. D (7,62 cm PaK36(r) auf Fgst. Pz.Kpfw. II Ausf. D) was born of the marriage between a Pz.Kpfw. II Ausf. D and a captured Soviet 7.62 cm F-22 Model 1936 anti-tank gun as a makeshift solution. German troops desperately needed a powerful and agile anti-tank gun against the growing number of Soviet tanks. This particular vehicle is the more numerous Ausf. D2 version.

Péter Kocsis Collection

7,5 cm PaK 40/2 auf Fgst. Pz.Kpfw. II (Sf) „Marder II" páncélvadászok lesállásban egy erdő rejtekében. Az előtérben álló páncélos homlokpáncélzatára, a jobb oldalra festett nagyon halvány 133-as számon és az ásó alatt felfedezhető súlytáblázaton kívül semmilyen jelzés nem látható a járműveken. A csőszájféket fényvisszaverő prizmával ellátott ponyva védi.

Two 7.5cm PaK 40/2 auf Fgst. Pz.Kpfw. II (Sf) "Marder II" in ambush position hidden in a forest. There are no visible markings except a pale 133 number on the front plate's right side and a data plate beneath the shovel on the side of the vehicle in the foreground. A cover with red reflector protects the muzzle brake.

Péter Kocsis Collection

Noha harckocsiként 1943-ra már elavult, a Pz.Kpfw. 38(t) alváza és futóműve megfelelő alapot jelentett egy páncélvadász számára. A Marder III Ausf. H azonban csak egy átmeneti megoldásnak számított, csupán 1942 novembere és 1943 májusa között gyártották, mivel helyét átvette a Marder III Ausf. M.

While the Pz.Kpfw. 38(t) was an obsolete tank by 1943, its chassis and running gear was adequate for a tank hunter vehicle. But the Marder III Ausf. H was just an interim solution and produced only for a short period between November 1942 – May 1943, at which time it was replaced by the Marder III Ausf. M.

Péter Kocsis Collection

„Eggyel kevesebb!" – olvasható a luxemburgi Wiltz egyik utcáján megsemmisített Jg.Pz. 38(t) vadászpáncélosnak a homlokpáncélzatán. A Pz.Kpfw. 38(t) remek futóműve és kiforrott alváza ideális alappá tette egy könnyű páncélvadász számára is. A jármű főfegyverzetét egy 7,5 cm-es PaK 39 L/48 löveg képezte, amelyet egy 7,92 mm-es MG 34 géppuska egészített ki.

"One less!" – can be read on the front armour of a Jg.Pz. 38(t) tank-hunter which was destroyed on one of the streets of Wiltz, Luxembourg. The Pz.Kpfw. 38(t)'s excellent running gear and proven chassis also made it an ideal base for a light tank hunter. Its main armament was a 7.5 cm PaK 39 L/48 gun with an additional 7.92 mm MG 34 machine gun.

Péter Kocsis Collection

A Tiger B alvázán kialakított Jagdtiger nehéz vadászpáncélos csak egy kétségbeesett kísérlet volt a háború végén, amellyel a németek meg akarták fordítani a hadiszerencsét. Amint az a képen is jól látható, a jármű páncélvastagsága igencsak tekintélyes volt, ám a háború végét jellemző anyag- és szakemberhiány miatt a végszerelés már sok esetben kívánnivalót hagyott maga után.

The Jagdtiger heavy tank-destroyer was just a desperate attempt to preserve the fortunes of war at the end of the conflict. As we can see in this picture, the armour protection of the vehicle was quite respectable, but due to the lack of materials and specialists in the last months of the war, the final assembly left something to be desired in many cases.

Péter Kocsis Collection

A képeken egy amerikai katonai rendész pózol a felrobbantott Jagdtiger mellett. Noha a félelmetes 12,8 cm-es PaK 44 L/55 löveg gyakorlatilag minden szovjet és angolszász harcjármű páncélzatára veszélyt jelentett, a Jagdtigerek olyan kis mennyiségben készültek, hogy a legtöbb szövetséges harckocsizó soha nem is találkozott velük. Figyeljük meg az amerikai Harley Davidson WLA motorkerékpárt!

A U.S. Military Policeman posing next to the blown up Jagdtiger. While the fearful 12.8cm PaK 44 L/55 basically posed a threat to the armour of all Soviet and Western Allied combat vehicles, these tank destroyers were made in such small quantities that most Allied tankers never even saw them. Note the American made Harley Davidson motorcycle.

A Jagdtiger még romhalmazként is tekintélyparancsoló fenevadnak tűnik. A látszat azonban csalóka, hiszen mind a jármű motorja, mint váltóműve alulméretezett volt a páncélos súlyához képest, ráadásul a háború végére állandósult üzemanyaghiány korlátozta a bevethetőségét. A Jagdtigereket a legtöbb esetben a saját személyzete robbantotta fel, hogy ne kerüljön az ellenség kezére.

The Jagdtiger, even as a pile of rubble, appears to be a dreadful beast. However, the appearance is deceptive, both the vehicle's engine and transmission were undersized compared to the weight of the armour, and the persistent fuel shortages by the end of the war constantly limited its ability to be deployed. In most cases, the Jagdtigers were blown up by their own crew so as not to fall into the hands of the enemy.

Péter Kocsis Collection

Úgy tűnik, ennek a 15 cm-es Hummel önjáró tarackknak még korai homlokpáncélja van, noha a felépítmény oldalán már az 1944 augusztusától alkalmazott, szűrővel ellátott légbeömlő látható. Figyeljük meg a felépítmény oldalára erősített tartalék lánctagokat és futógörgőt!

This 15cm Hummel self-propelled howitzer appears to have the earlier narrow driver's front compartment but has the modified cooling air intake and exhaust with covers introduced in August 1944. Note the spare track links and road wheel attached to the side armour.

Péter Kocsis Collection

Egy szürke-barna terepszínű Sd.Kfz. 223 könnyű rádiós páncélgépkocsi személyzete küzd a sárban ragadt jármű kimenekítésével egy hadgyakorlaton. A toronyban egy MG. 13 géppuska látható, ami arra utal, hogy a jármű 1935-1937 között készült az 1. gyártási sorozatban. A bal sárvédőn jól látható a fémből készült zászlótartó keret. A háttérben két Sd.Kfz. 221 géppuskás könnyű felderítő páncélgépkocsi várakozik.

The crew of a two-tone camouflaged (grey and brown) Sd.Kfz. 223 light radio armoured car struggling to free the vehicle from the mud during an exercise. The MG 13 machine gun in the turret suggests that the vehicle was completed in the 1. production series between 1935-1937. There is also the frame for the flag on the left mudguard. There are two Sd.Kfz. 221 (MG) light armoured cars in the background.

Egy sérült Sd.Kfz. 222 könnyű felderítő páncélgépkocsi és egy Pz.Kpfw. IV Ausf. D harckocsi a nyugati hadszíntéren, 1940-ben. Sajnos a hadosztályjelzés félig-meddig takarásban van, így nem lehet megállapítani a pontos alakulatot. A páncélgépkocsi – amely valószínűleg aknára futott - az 1. gyártási sorozatban készült 1935 – 1937 között.

A damaged Sd.Kfz. 222 light armoured car and a Pz.Kpfw. IV Ausf. D on the Western Front in 1940. Unfortunately the divisional sign is half-covered, thus the exact unit cannot be determined. The armoured car – which probably ran over a mine – is an Ausf.A from the 1st series produced between 1935 – 1937.

Péter Kocsis Collection

Egy Sd.Kfz. 232 rádiós nehéz felderítő páncélgépkocsi [s.Pz.Sp.Wg. (Fu) 8 Rad] és egy Sd.Kfz. 221 könnyű felderítő páncélgépkocsi a lengyelországi hadjárat idején. Az oldalpáncélra festett kutyafej a 3. könnyűhadosztály 8/II. felderítőosztályának volt a jelzése. Az Sd.Kfz. 232 az 1937-től induló 1. gyártási sorozatban készült: a vezető búvónyílása és a torony elől még hiányzik a lövedékvető lemez, akárcsak az irányjelzőket védő keret a páncéltest oldaláról. Érdekes azonban, hogy még felfedezhetjük a bal oldalra szerelt, ám utólag eltávolított – 1938 novembere óta nem alkalmazott - géppuskaállványként szolgáló lengőkar rögzítőelemét. Megjegyzendő, hogy a járművet ekkor hivatalosan még Sd.Kfz. 234-nek nevezték, a típusjelzés csak 1940 szeptemberében változott meg.

An Sd.Kfz. 232 heavy armoured reconnaissance vehicle [s.Pz.Sp.Wg. (Fu) (Sd.Kfz. 232) 8 Rad] and an Sd.Kfz. 221 light reconnaissance vehicle during the Polish Campaign. The dog head insignia was for II./Aufklärungs-Regiment 8 / 3. Leichte-Division. This Sd.Kfz. 232 was completed in the 1. production series and prior to 1938 since it does not have bullet splash guards in front the driver's hatch or turret and is also lacking the guard rails which protected the turn signals on the sides of the superstructure. It is also interesting to see that the pivoting arm for the anti-aircraft machine has been removed from the rear side, which was deleted from production vehicles in November 1938, although the base is still visible. Note that this is technically an Sd.Kfz. 234 – the number was not changed to 232 until September 1940.

Péter Kocsis Collection

A 7. páncéloshadosztály megsemmisült nyolckerekű nehéz felderítő páncélgépkocsijai Franciaországban. Elöl egy 1937-ben, az 1. gyártási sorozatban készült schwerer Panzerspähwagen (Fu) (Sd.Kfz. 232) 8 Rad. A páncéltest oldalára szerelt irányjelző karokat védő keretet utólag, 1938-ban szerelték fel a járműre. Jól látható a hadosztály sárga emblémája és a felderítőszázadok 1942-ig használt fehér harcászati jelzése a felépítmény orrának bal sarkán.

Destroyed heavy armoured reconnaissance vehicles of 7. Panzer-Division in France. The vehicle in front is a schwerer Panzerspähwagen (Fu) (Sd.Kfz. 232) 8 Rad completed in 1937. The guard rails on both sides of the superstructure to protect the turn signals were retro-fitted in 1938 to some earlier built vehicles. The yellow unit insignia and the white tactical symbol of the reconnaissance company (used until 1942) can be seen on the left front corner of the vehicle.

Péter Kocsis Collection

A következő három képen az előbb látott páros hátsó járműve, egy schwerer Panzerspähwagen (Sd.Kfz. 231) 8 Rad roncsa látható. A felderítőket valószínűleg egy rajtaütés során semmisítették meg, mindkét páncélgépkocsi kiégett.

The next three pictures show the rear vehicle of the pair seen earlier, a schwerer Panzerspähwagen (Sd.Kfz. 231) 8 Rad. The scouts were probably destroyed during an ambush and both vehicles burnt out.

Péter Kocsis Collection

A vezető búvónyílása elé rögzített lövedékvető lemez és a torony oldalain látható öntött nyílászáró fedél alapján ez a jármű az 1939 májusától gyártott 2. sorozatban készült, amelynek során már a zászlótartó keretet sem helyezték fel a bal oldali sárvédőre.

According to the bullet splash guard in front of the driver's hatch and the cast vision port on the turret side, this vehicle was completed during the 2. production series which started in May 1939, when the flag staff mounted on the left fender was also dropped.

Péter Kocsis Collection

A kiégett jármű hátulról. A torony tetőlemezének szélén jól látható az antenna rögzítője. Az SdKfz. 231-eket 1941-től látták le rádiókészülékkel, amelyet a toronyban helyeztek el. Figyeljük meg a felderítőszázad harcászati jelzést a jármű bal sarkán!

Rear view of the burnt out vehicle. The antenna mount can be seen at the edge of the turret roof. The Sd.Kfz. 231s were backfitted with radio sets in 1941. Note the tactical marking for a reconnaissance company on the left corner of the vehicle.

Péter Kocsis Collection

Az Sd.Kfz. 263 rádiós páncélgépkocsik a páncéloshadosztályok páncélos-híradószázadaiban, illetve a páncélos-felderítőosztályok híradószakaszában és századaiban láttak el szolgálatot. A zárt, merev felépítményben egy nagyteljesítményű rádiót helyzetek el, a felépítményre pedig egy keretantennát és egy nagy hatósugarú teleszkópos antennát rögzítettek.

The Sd.Kfz. 263 heavy armoured radio cars saw service in the signal company of the Panzer Divisions, and the signal platoon and companies of the reconnaissance battalions. It was equipped with a high-powered radio set with a top mounted frame antenna and a long telescopic mast antenna. A tactical symbol for a recon company is visible above the license plate.

Péter Kocsis Collection

Az Sd.Kfz. 250 könnyű lövészpáncélost elsősorban a páncélos-felderítőosztályok állományában alkalmazták 1941 közepétől, noha számos más feladatkörben is megállta a helyét. A járművet a Demag fejlesztette ki a saját Sd.Kfz. 10 vontatójának a bázisán, s noha a cél az egységesítés volt, az Sd.Kfz. 250 szinte összes alkatrészét újra tervezték. Ezen az Ausf. A változaton szokatlan tárolódoboz látható a páncéltest oldalán, amelyet csak pár hónappal az Ausf. B gyártása előtt kezdtek el alkalmazni. Az első sárvédőbe épített tárolóegység ritkán látható nyitott állapotban.

The Sd.Kfz. 250 light armoured half-track was mostly used by the armoured reconnaissance battalions since mid-1941, although it still effectively performed a number of other roles. The vehicle was developed by Demag based on the company's own Sd.Kfz. 10 prime mover and although the goal was unification, most of the Sd.Kfz. 250's components had to be redesigned. This Ausf.A carries the uncommon equipment stowage bin on the track guard, introduced a few months prior to the Ausf.B with purpose-built bins. The tool bin behind the front mud guard is open, a seldom seen detail.

Péter Kocsis Collection

Az Sd.Kfz.251 Ausf. B-t 1940 elejétől gyártották. A 3,7 cm-es PaK 36 páncéltörő ágyúval felszerelt Sd.Kfz. 251/10 változatot szakaszparancsnoki tűztámogató járműként alkalmazták. A kép bal szélén egy „Wurfrahmen 40" rakétavető kerettel felszerelt Sd.Kfz. 251/1 Ausf. C látható.

The Sd.Kfz. 251 Ausf. B was produced from the beginning of 1940. The Sd.Kfz. 251/10 was equipped with a 3.7 cm PaK 36 anti-tank gun and was used by platoon leaders as a fire support vehicle. We can see an Sd.Kfz. 251/1 Ausf. C equipped with a "schwere Wurfrahmen 40" multiple rocket launcher on the left.

Archive of Modern Conflict

Az Sd.Kfz. 251 Ausf. D kifejlesztésének fő oka a gyártás leegyszerűsítése és felgyorsítása volt. Ez a változat 1943 második felében jelent meg a hadszíntereken és a háború végéig gyártásban maradt. A képen a Páncélos Tanhadosztály egyik Sd.Kfz. 251/1 közepes lövész-páncélosa látható 1944 tavaszán.

The main reason for developing the Sd.Kfz. 251 Ausf. D was to simplify and speed up production. This version appeared on the battlefields in the second half of 1943 and remained in production until the end of the war. Here we can see an Sd.Kfz. 251/1 of Panzer Lehr Division in the spring of 1944.

Archive of Modern Conflict

A Páncélos Tanhadosztály Sd.Kfz. 251/1 Ausf. D lövészpáncélosa egy vasúti pőrekocsin. A fénykép valószínűleg 1944 tavaszán készült, amikor a magasabbegység részt vett Magyarország megszállásában. Figyeljük meg a tábori körülmények között készített, sötétsárga alapra felvitt zöld és barna álcázófestést!

Sd.Kfz. 251/1 Ausf. D armoured half-track of Panzer Lehr Division on a railway flatbed car. The photograph was probably taken in the spring of 1944, when the division was involved in the occupation of Hungary. Note the field-made camouflage of green and brown painted on the dark yellow base colour.

Archive of Modern Conflict

Alig észrevehető ennek az Sd.Kfz. 251/1 Ausf. D-nek az orrlemezén a Páncélos Tanhadosztály alakulatjelzése. A jobb első sárvédőtől eltekintve a jármű igazán jó állapotban van, a fénykép minden bizonnyal azelőtt készült, hogy a hadosztály harcba keveredett volna a szövetséges csapatokkal Normandiában.

Barely visible is the unit sign of Panzer Lehr Division on the front plate of this Sd.Kfz. 251/1 Ausf. D. Except for the right front fender, the vehicle is in really good shape - the photograph was certainly taken prior to the division entering combat with Allied troops in Normandy.

A Páncélos Tanhadosztály Sd.Kfz. 251/3 Ausf. D közepes rádiós lövészpáncélosa. 1945 januárjáig nem kevesebb, mint kilenc különböző parancsnoki változat készült, ezek a beépített rádiók típusában tértek el egymástól. Figyeljük meg a jobb oldalra erősített két botantennát, illetve a bal hátulra rögzített csillagantennát!

Sd.Kfz. 251/3 Ausf. D communications vehicle of Panzer Lehr Division. By January 1945 no less than nine different versions of the 251/3 were introduced, differing in the combination of radio sets carried. Note the rod antennas on the right side and star antenna attached to the left rear.

Péter Kocsis Collection

Az Sd.Kfz. 7 páncélozott vontatójárműveket (Gepanzerte Zugkraftwagen 8t) csak az 525., 560. és 605. páncélvadász-osztályok alkalmazták, elsősorban az 1940-es nyugati hadjárat során. Az általuk vontatott 8,8 cm-es ágyúk legfőbb feladata a bunkerek és megerődített állások elleni harc volt.

The Sd.Kfz. 7 armoured towing vehicle (gepanzerter 8t Zugkraftwagen) was used by 525., 560. and 605. heavy tank hunter battalions, mostly on the Western Front in 1940. Their main task was to destroy bunkers and strengthened positions.

Bevagonírozott Sd.Kfz. 7 féllánctalpas vontató. A Krauss-Maffei által gyártott járműből több mint 5000 darab készült 1938 – 1945 között, amelynek zömét tüzérségi vontatóként alkalmazták. Figyeljük meg, hogy az álcázószínekből még a futógörgők gumijaira is jutott!

Sd.Kfz. 7 half-track on a railway carriage. Krauss-Maffei produced more than 5 000 between 1938 – 1945 and most of them were used by the artillery as towing vehicles. Note that even the tires of the running wheels received the camouflage coating.

Péter Kocsis Collection

Egy viharvert Sd.Kfz 10 1t vontató nagyjavítása, vagy lecsupaszítása tábori körülmények között. A motorházfedél belső részén mintha égésnyom látszana, így nem lehetetlen, hogy ez a vontató már csak donorként szolgál más járművek számára. A féllánctalpas járművek legnagyobb előnye a kerekes vontatókkal szemben a sokkal jobb terepjáró képességük volt, ennek azonban meg volt az ára. A lánctalpas futómű bonyolultabb és sérülékenyebb, így karbantartása is nehezebb és időigényesebb.

Overhauling or just a stripped down battered looking Sd.Kfz. 10 1t towing vehicle in the field. As the inner side of the bonnet appears to be soot covered from a fire it is possible that this halftrack is being used as a donor for other vehicles. The greatest advantage of the halftrack was their better cross-country performance compared to wheeled vehicles, but that came with a price: the tracked running gear was more complicated and more vulnerable so its maintenance was more difficult and time consuming.

A SOROZAT EDDIG MEGJELENT KÖTETEI / AVAILABLE IN THIS SERIES

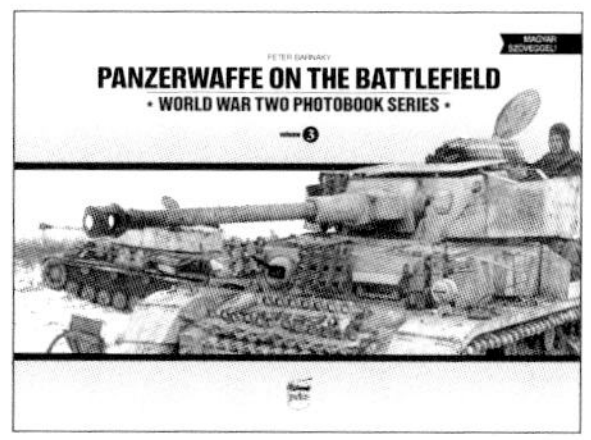

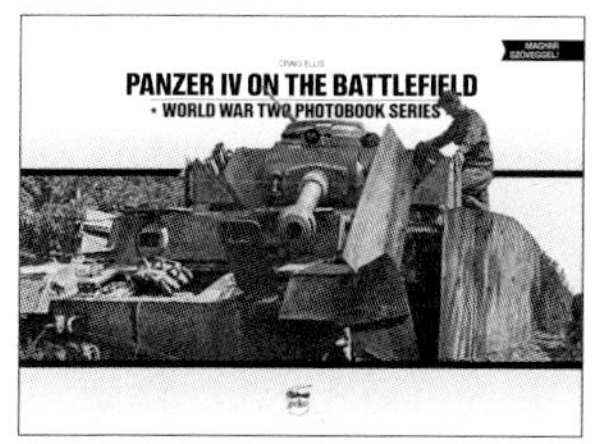